UNA VISITA A MÉXICO

AL SUR DE NUESTRA FRONTERA

por Laura Conlon
Versión en español por Aída E. Marcuse

The Rourke Book Co., Inc.
Vero Beach, Florida 32964

FOTOGRAFÍAS:
© Frank Balthis: cubierta delantera, páginas 4, 12; © James P. Rowan:
páginas 7, 13; © Jerry Hennen: página 15; © Fred Lyon: página 18;
cortesía del Ministerio de Turismo de México: primera página (Blake
Discher), páginas 8 (Blake Discher), 10, 17, 21

Catalogado en la Biblioteca del Congreso bajo:

Conlon, Laura, 1959-
  [Una vista a México. Español]
  Una vista a México / por Laura Conlon; versión en español por
Aída E. Marcuse.
    p. cm. — (Al sur de nuestra frontera)
  Incluye índices.
  ISBN 1-55916-078-0
    1. México—Descripción y viaje—Literatura juvenil.
I. Marcuse, Aída E. II. Título. III. Series.
F1216.5.C6718   1994
972—dc20   94-18335
                                                        CIP
Printed in the USA   AC

ÍNDICE

UNA VISITA A MÉXICO

Los **turistas,** o visitantes que recorren México, encuentran que en el país hay mucho que ver y hacer. Pueden disfrutar los hermosos paisajes de las montañas, las costas marítimas y los bosques. Y es interesante observar la vida de las aldeas, que se conservan como eran hace cientos de años.

Muchas personas visitan las **ruinas** de las poderosas civilizaciones indígenas que antiguamente dominaban el país.

Los festivales mexicanos, sus deportes, la música y los bailes también son fascinantes.

Muchos turistas navegan en pequeños botes junto a las ballenas grises que pasan el invierno en las aguas cálidas de Baja California

COMPLEJOS TURÍSTICOS

Miles de personas de todo el mundo pasan sus vacaciones en los hermosos **complejos turísticos** de México.

En las costas del océano Pacífico se encuentran Acapulco y Puerto Vallarta, famosos por sus preciosas playas, sus hoteles de lujo y el clima soleado y cálido.

Las islas de Cancún y Cozumel, en el Golfo de México, también son muy populares entre los turistas.

Un turista paseando en la playa de Cancún, México

LAS RUINAS

Hace mucho tiempo, en el territorio que hoy forma parte de México vivían muchos pueblos indígenas. Los olmecas, los mayas, los toltecas y los aztecas eran algunos de ellos.

Cada tribu levantaba magníficas ciudades y creaba bellísimas esculturas y otras obras de arte. Aún se conservan los restos, o ruinas, de muchas de ellas. Los turistas que los visitan aprenden cómo vivían los pueblos antiguos. Una de las pirámides más altas del mundo, Teotihuacán (Teo-ti-hua-cán), se encuentra entre las ruinas de una de esas ciudades.

Turistas visitando las ruinas de Chichén Itzá, pertenecientes a la antigua cultura maya

LA CIUDAD DE MÉXICO

Con más de diez y ocho millones de habitantes, la ciudad de México es una de las dos ciudades más grandes del mundo. Es la capital del país, y la ciudad más antigua de América del Norte. En ella se encuentran monumentos increíbles, como las ruinas antiguas y los museos donde se conservan los tesoros artísticos del pasado.

La vida en la ciudad de México es parecida a la de cualquier gran ciudad de los Estados Unidos o el Canadá. En ella hay espléndidos rascacielos, calles muy transitadas y una de las mejores redes de **subterráneos** del mundo.

Las maravillas artísticas, los monumentos y las ruinas de la ciudad de México atraen miles de visitantes

Turistas de excursión por la isla de Cedros, en la península Baja

El Parque Nacional Tulum, en la península de Yucatán, atrae a muchos visitantes por su arena blanca, el mar de aguas claras y sus ruinas antiguas

LAS ALDEAS DE MÉXICO

Para llegar a algunas aldeas muy **remotas,** hay que ir a caballo o en burro. La vida en muchas de esas aldeas campesinas no ha cambiado en cientos de años.

Los campos aún se cultivan a mano o con la ayuda de bueyes. Todos los miembros de una familia, incluso los niños pequeños, colaboran en las tareas agrícolas.

Muchos campesinos mexicanos viven en casas de **adobe,** unos ladrillos secados al sol. Los pisos suelen ser de barro.

En las aldeas mexicanas es común ver burros y casas de adobe

LOS MERCADOS

Tanto en las grandes ciudades como en las pequeñas aldeas, el mercado es importante en la vida de los mexicanos. En algunos lugares el día del mercado es el más importante de la semana, y la gente llega de todos lados a comprar e ir de visita.

El día del mercado todo el mundo se reúne en la plaza principal del pueblo, donde se han instalado muchos pequeños puestos. La mayoría vende frutas y verduras, en otros se venden camisetas, artículos de joyería y todas las mercancías imaginables. Al caer la tarde, la gente pasea, es decir, da pequeñas caminatas alrededor de la plaza.

Un niño mexicano junta margaritas para vender en el mercado de la aldea

LOS DEPORTES

Quienes visitan México pueden disfrutar de varios deportes. Cada vez que se celebra un partido en la ciudad de México, el hermoso estadio Azteca se llena de aficionados al fútbol, el deporte principal.

Los colonizadores españoles introdujeron en México las corridas de toros. Las multitudes gritan "¡Olé!" cada vez que el **matador,** o torero, se enfrenta con el furioso toro. La plaza Toros de Monumental, en la ciudad de México, es la plaza de toros más grande del mundo.

Los visitantes también pueden asistír a una *charreada*, rodeo de estilo mexicano en el que los vaqueros exhiben sus habilidades como jinetes o con el lazo.

Las corridas de toros son muy populares en México

FIESTAS Y FESTIVALES

Para conmemorar los acontecimientos importantes, los mexicanos celebran **fiestas** con música, bailes y fuegos artificiales.

Muchas se llevan a cabo en días de importancia religiosa. Las fiestas de Navidad duran nueve días. El 2 de noviembre–Día de los Muertos–los mexicanos les llevan comida a sus familiares muertos porque creen que ellos regresan una vez al año.

Otros festivales se celebran en los días de los santos, como el Día de la Virgen de Guadalupe–el 12 de diciembre–, que es uno de los más importantes.

Los trajes de colores brillantes y los bailes realzan los festivales mexicanos

LA PLAZA DE LAS TRES CULTURAS

La Plaza de las Tres Culturas, en la ciudad de México, es un excelente lugar para descubrir la vida pasada y presente del país. Los edificios de la **plaza** fueron construidos por las tres **culturas,** o civilizaciones, que se sucedieron en México–la indígena, la española y la de los modernos mexicanos–.

Las ruinas de una pirámide indígena **antigua** se yerguen a un extremo de la plaza. Cerca de ella hay una iglesia colonial construida por los españoles, quienes gobernaron a México durante trescientos años. En la plaza también se levanta un moderno edificio de vidrio y acero.

Glosario

adobe — ladrillos de arcilla, secados al sol

antiguo — muy viejo

complejo turístico — lugar de vacaciones

cultura — estilo de vida de cada grupo humano

fiesta — tipo de reunión alegre, festival

matador — torero

plaza — espacio público, generalmente en el centro de un pueblo o ciudad, donde se encuentran los edificios principales

remoto — muy lejano, o difícil de llegar

ruinas — los restos de un edificio caído, o de una ciudad

subterráneo — ferrocarril subterráneo

turista — persona que emprende viajes para conocer nuevos lugares

ÍNDICE ALFABÉTICO